自信满满生活书

我家
像个汉堡包

[韩]宣惠娟_著 [韩]李惠兰_绘 千太阳_译

浙江科学技术出版社

目录

什么是家庭　4

家庭是如何形成的　12

应该如何称呼亲戚们　14

家人之间的争吵是战争　16

家人之间的吵架技巧　20

大人吵架时该怎么办　22

少被大人训斥的方法　23

家人之间的亲密关系是需要维护的　27

用身体游戏拉近彼此的距离　30

交心　32

家人之间一定要亲密吗　33

我们家特有的紫菜包饭　36

在这种时候,我的家庭最让人羞愧　37

怎样过特殊的日子　39

幸福的家庭需要大家一起经营　40

开家庭会议的方法　42

家庭既是选择,也是命运　46

形形色色的家庭　48

"妈妈，还没好吗？我都快饿死了！"

小凡捂着肚子喊道。

妈妈进入厨房好一会儿了，但还没做好晚饭。

平时，我和小凡都会帮她做饭，但今天不知为何，妈妈并没有喊我们帮忙。

妈妈是树懒咖啡馆的经理。

然而，她的梦想是成为一名厨师。

突然闻到炸东西的香味，感觉肚子更饿了。

我的性格随妈妈,所以我也对烹饪很感兴趣,而且我喜欢用食物来表示很多事情。比如,我的好朋友佳莹很像辣白菜。辣白菜刚腌的时候就很好吃,腌久了,它的味道和营养会变得更加丰富。我刚认识佳莹的时候,就被她阳光、开朗的性格吸引了,认识的时间越久,我就越觉得她是一个稳重的人,让人不由自主地想要亲近。我想着自己的家庭,画了缺少腌黄瓜片的汉堡包;想着佳莹,画了辣白菜。

几天后,我在教室里给佳莹看了我画的画,佳莹乐得东倒西歪。

没有腌黄瓜片~ㅠ,ㅠ
快给我 画腌黄瓜片!

我的家庭

佳莹辣白菜

熟了更好吃!

小律,我突然想到了一个好主意。关于我们的小组作业……

她又有了什么想法?每当佳莹的眼睛这样闪烁,我就会有"不祥"的预感。

中午，佳莹将小组成员们都叫到了一起。
老师在新学期开始时将我们分成了多个小组，还给我们留了以"家庭"为主题的小组作业。

第二天的特别活动时间，小组成员们重新聚到了一起。

我们决定用食物来描述各自的家庭。

★佳莹的家庭★
咕嘟咕嘟的罗宋汤

我们家就像一种俄罗斯食物——罗宋汤。罗宋汤是用肉和蔬菜熬出来的汤。熬的时间越久，食材混合得越充分，罗宋汤的味道就越香。我的奶奶、爸爸、妈妈声音都很大，他们也都很有个性。不过，可能因为长期生活在一起，大家相处得很融洽。我的妈妈是俄罗斯人，她就像罗宋汤里那红红的汤，而我就像覆盖在红红的汤上的酸奶油。酸奶油让罗宋汤的味道变得更加柔和。

罗宋汤 俄罗斯人常喝的一种汤。先将红色的甜菜、肉及其他各种应季蔬菜熬煮一段时间，再加入酸奶油或蛋黄酱。

★慧琳的家庭★
圆圆的紫菜包饭

我们家就像吃不腻的紫菜包饭。紫菜包饭中有日式腌萝卜、鸡蛋、火腿等各种食材，我们家也有爷爷、奶奶等家庭成员。即便家庭成员很多，我们家也始终非常干净、整齐。圆圆的紫菜包饭排列得井然有序，我们家的生活也是井然有序的。

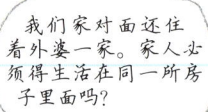

★ 小律的家庭 ★
食材丰富的汉堡包

我们家就像汉堡包。我们家也和慧琳家一样，干净、整齐且井然有序。面包、肉、奶酪、鸡蛋、蔬菜等食材放在一起，很好吃。肉和蔬菜搭配着吃有利于身体健康。

到底是哪种汉堡包？

每种汉堡包的味道都不同。

★ 东民的家庭 ★
变幻莫测的咖喱

我们家就像咖喱。各种食材混在一起，不但美味、可口，还与其他食物很搭。就像咖喱乌冬面、咖喱猪排、咖喱方便面等食物一样，我们家的人很轻松地就能与其他人成为好朋友。即使是我不喜欢吃的胡萝卜和马铃薯，放到咖喱中也会变得很好吃。我喜欢能将难吃的食材变好吃的咖喱。

你说胡萝卜会变得好吃？

有时，我妈妈会在出门前给我做一大锅咖喱，搞得我现在都吃腻咖喱了。

除了佳莹的家庭，其他人的家庭好像都有点儿单调。的确，自从爸爸去世后，我们家和缺了腌黄瓜片的汉堡包没什么不同。我们决定先选好主题，再去调查家人，然后加上各自的意见，最后完成家庭料理书。

家庭是如何形成的

如果将家庭比作食物,那么用炖菜来形容无疑是最合适的。因为炖菜就是各种食材混合在一起后制作成的美食。可是在茫茫人海中,家人是如何聚到一起的呢?

爸爸和妈妈通过结婚成为一家人。

家庭成员

妈妈　爸爸　婴儿　儿童　小狗　小猫　奶奶或外婆　爷爷或外公

结婚
相爱的人相遇,然后一起生活。

诞生
一对夫妇生下了孩子,然后他们一起生活。

领养

一对夫妇领养了孩子，然后他们一起生活。

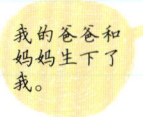

我的爸爸和妈妈生下了我。

据说我们小区的寅成是他爸爸妈妈的"心头肉"。

兄弟姐妹

父母又生了孩子，我们都是一家人。

小凡和我也是一家人。

家人、家庭、亲戚的含义相同吗？

家人指的是在家里一起生活的人。家庭指的是以婚姻和血统关系为基础的社会单位。亲戚指的是爸爸和妈妈家的所有家庭成员。

妈妈的弟弟　爸爸的弟弟　爸爸的姐姐
爸爸姐姐的丈夫
爸爸的妈妈
爸爸的奶奶
妈妈的妈妈
妈妈的爸爸

家庭可能会发生变化

家人会增多

我们原本只是父母的家人，而当我们结婚后，我们还会成为丈夫或妻子的家人。

我妈妈是通过结婚成为我爸爸的家人的。我出生后，我们家就多了一名成员。

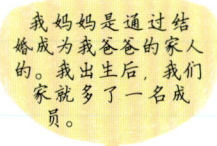

家人会减少

若发生死亡或离婚等，家人可能会减少。

不跟我们一起生活的爷爷奶奶、外公外婆也是家人吗？

爷爷奶奶是爸爸的爸爸妈妈，外公外婆是妈妈的爸爸妈妈。如果他们与我们生活在一起，那么他们自然是家人，但即使不生活在一起，他们也是我们广义上的家人。

家人增多的时候，我们会很高兴。家人减少的时候，我们会伤心、失落。

烹饪和家庭的共同点

煎和熬是两种烹饪方法，由它们组成的"煎熬"，有家人间常说的"折腾人""折磨"的意思。此外，还有"寡淡""无味"等词，既可以用来表示食物的味道，又可以用来形容人的感受。

家人之间的争吵是战争

放学回家后,我发现屋子里一片狼藉。我不用问也知道,这是小凡的"杰作"。小凡现在上小学一年级,所以会比我先回家。

"喂,你为什么随便动我的笔记本?"

小凡信誓旦旦地说不是他拿的,但他手中却抓着我的笔记本。

"你现在都开始跟我说谎了?赶紧滚出我的房间!"

"谁说这是姐姐的房间?你再吼我,我就不告诉你关于妈妈男朋友的事。"

妈妈的男朋友?真不知道他在说什么。

"今天我跟妈妈,还有珉宇叔叔一起,在小区公园里玩了好久。"

这时,门外突然传来妈妈扔完垃圾后回来的声音。

"嘘,小声点儿。要是被妈妈听到了,肯定又要说我们了。"

小凡顿时乖乖地闭上了嘴巴。

家人之间的吵架技巧

家人都生活在一起，所以难免会发生摩擦。可是家人之间吵架就一定是坏事吗？不一定。说不定通过吵架还能发现家庭中存在的问题，并找到解决问题的方法。如果懂得吵架的技巧，"家庭"这一料理会变得更加美味。

我也经常和小凡吵架。每次和他吵架，我都很烦躁、伤心。

不要提及与吵架内容无关的事

当双方都翻出旧账时，争吵会无止境地进行下去。

真的是因为房间脏乱才生气的吗？

仔细想一想，是不是因为在学校和其他同学有争吵才导致你心情不好的？

吵架时，应将对方摆在与自己相同的地位

"居然敢跟姐姐顶嘴？"
"姐姐难道不应该让着弟弟吗？"
如果只顾及自己的立场，吵架是不会轻易结束的。
相比姐姐应该怎么样、弟弟应该怎么样的方式，关注真正的吵架原因才是结束吵架的关键。

荡平菜 从前，朝鲜的一位王为了阻止大臣们呼群结党、相互争吵，就下令做了一盘荡平菜。荡平菜中虽然混合着各种颜色的食材，但各种食材的味道却相辅相成，所以这盘菜暗藏着大臣们要像那些食材一样融洽相处、不得相互攻击的深意。

小心火！　　小心刀！

吵赢了才是最好的结局吗？

吵赢是为了什么呢？让对方承认错误并道歉？你要的是这种结果吗？吵赢的真正目的是让对方了解自己。例如，让对方悔悟："啊，原来那是姐姐爱惜的东西！她现在应该很伤心吧？我以后不能再做同样的事情了！"当然，我也一样："小凡也不是明知故犯，我应该好好劝告他不要再这样做。"只有这种和好后会更了解对方的吵架，才是双赢的吵架。虽然更多的时候，人们很难做到这一点……

先告诉对方自己的心情

不要先指责姐姐或弟弟做错了什么，因为指责会让对方的心情变坏。

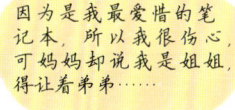

再说明自己的决心

要说得具体一些，但也不能提出太荒唐的要求。例如，决不碰自己的东西等要求是根本无法实现的。

父母总是袒护弟弟

兄弟姐妹吵架的时候，通常会由父母仲裁。然而即便父母想要"一碗水端平"，也有可能因一时疏忽而最终偏袒一方。遇到这种情况时，我们要耐心地告诉父母自己此时的心情。

这不是吵架，而是对厚此薄彼的抗争

父母经常会让哥哥姐姐让着点儿弟弟妹妹，同时，又让弟弟妹妹不准向哥哥姐姐挑衅。于是，兄弟姐妹都觉得自己受到了不公平的对待。遇到这种情况时，我们要诚实地告诉父母自己的感受。

如果没有兄弟姐妹，就无架可吵

如果没有兄弟姐妹，不仅能独占父母的爱，还不用将自己的东西分给别人，想想就很幸福。其实，如果家中只有自己一个孩子，我们会感到孤单、无聊。这两种情况各有利弊，我们往往很难抉择。

大人吵架时该怎么办

据说,大人也不愿意在孩子面前吵架。但他们太激动的时候,也会忍不住在孩子面前吵架。有时,他们吵架的方式并非大喊大叫,而是保持沉默。他们还以为我们看不出来呢。

在我们家,大人之间的吵架发生得更频繁。

不要认为是自己的过错
我们很难理解大人为什么吵架

大人的事情远比我们想象的要复杂。他们吵架的原因往往不在于我们,所以我们没必要感到畏惧。

怎么办? 怎么办?

大人吵架不是我们的过错
我们也没有能力解决大人的争吵

有的小朋友或许会担心,大人吵着吵着会不会就要闹离婚了。对尚未发生的事情,我们没必要提前担心。

你怎么每天都这么晚回家?
公司事情太多,你叫我怎么办?
对不起……

可是看到锅里的汤在沸腾,我们不应该赶紧跑过去将火关掉吗?

我妈妈在煮牛骨汤时也会站在一旁守着。

没错。但食物如果没熟透,就不好吃了。

你说得也对。有些食物只有完全煮熟才好吃。

这时要将火力调小!

少被大人训斥的方法

这对我们来说很重要。我们经常害怕被大人训斥,因为我们知道自己犯错了。遇到这种情况时,我们可以用以下几种方法:

犯错时,我们要坦率地承认自己的错误

这样一来,我们会获得"坦率分数"。即使害怕,我们也要大胆地说出来。犯错时,我们必须承认自己的错误,不能狡辩,否则情况会变得更糟。

挨训时,哭并不是好选择

这个时候哭,可能会让父母更生气。不及时承认错误,只会拖延父母原谅你的时间。

有时,也可能被冤枉

遇到这种情况时,语气太激动说不定会适得其反。即使感到委屈,我们也要有理有据地解释。如果没能马上解释清楚,也可以以后再解释。

找准承认错误的绝佳时机

在父母吵架或忙碌时坦白,说不定会让他们更生气。因此,要在父母悠闲时,根据他们的心情决定要不要坦白。

沉默也不是好选择

沉默有可能会让父母认为你没有听懂,这会让他们继续对你说教。你要表现出自己已经听懂了大人的话并正在反省的样子。

重复犯相同的错误会更容易被大人训斥

我们要努力少犯相同的错误。

家人之间的亲密关系是需要维护的

进入六月后,天气变得异常炎热。

周六是慧琳的生日。我们小组的成员们都被邀请到了学校旁边的比萨店里。

和慧琳关系亲密的其他几位同学也来了。

慧琳的妈妈对我们来参加慧琳的生日宴会感到很高兴,她给我们点了一些比萨后就离开了。

我看到今天的主角——慧琳的表情很沉重。

当我们差不多吃完比萨的时候,慧琳的妈妈过来结账了。

只不过慧琳和她妈妈之间的气氛很诡异。

我们先一步走出比萨店,来到了学校操场。

用身体游戏拉近彼此的距离

即使感到害羞，也要勇敢地尝试。

很多人觉得家人之间肯定会很亲密，但若仔细想想，其实也不一定。家人之间想要变得亲密，也需要付出努力。其中，最好的方法当属身体游戏。小时候，父母经常抱我们、亲我们，但我们长大后，这种亲密举动可能会让双方都觉得尴尬。让我们用身体游戏来化解这种尴尬吧！

卷紫菜包饭

1 铺开被子，让一个人躺在上面。

2 用被子将他（她）裹起来。就像裹紫菜包饭一样。

3 将被子恢复成原状。

4 还可以一边唱歌一边玩游戏。

画手掌

1 将手按在纸上，用笔沿着手掌轮廓描一圈。

2 将家人的手掌叠画在一起，然后看看谁的手掌更大。

3 也可以画脚掌。除此之外，还可以画什么呢？

寻找藏在被子里的脚

1 除了找的人，其他人围成圆圈坐在地上。

2 大家都伸直腿，再盖上被子。

3 大家随意地将脚交叉着放在一起，然后其中一个人喊："猜一下是谁的脚。"

4 找的人在被子上方抚摸一只脚并猜猜它的主人是谁。

5 被找的人猜到的人当下一个找的人。除了猜脚，我们还可以围在桌子边猜手。

交心

我要将妈妈厚此薄彼、害我伤心的事情对她说出来。

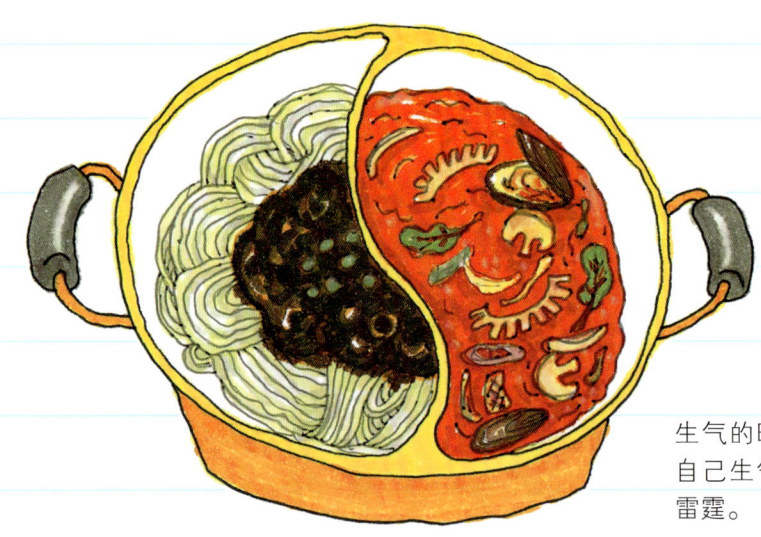

经常表达

遇到感动的事情时,一定要表达出来。可以直接说出来,也可以亲一下或抱一下对方。若感到害羞,也可以写一张卡片或一封信来表达自己的心意。即使是在别人惹自己生气的时候,也要有理有据地说出自己生气的原因,而不是直接大发雷霆。

相互聆听心声

家人之间看似很容易理解对方,但其实在不主动开口的情况下,很难猜出对方的心思。既然如此希望家人能够了解自己的心情,那何不先询问一下对方的心情?"妈妈,您今天想做什么呢?"当然,这并不意味着一定要满足对方的要求。有时,单单说出心声就能让自己的心情发生转变。

谢谢你的笔记本。

给妈妈写卡片

这样表达后,父母没有做出任何回应怎么办

说不定父母是比我们更害羞的人。这时,我们可以装作不经意的样子询问一下。因为如果你不开口,没有人能知道你的想法。

妈妈:

对不起,过生日时,我不应该向您发脾气。不过,当时我真的很难过,因为我觉得妈妈只知道照顾哥哥,从不照顾我。

我知道妈妈摆生日宴很累,但我也希望妈妈能理解一下我的心情。

从明年开始,我和哥哥的生日就都在饭店里过吧。因为这样既不会让妈妈劳累,也不会让我感到难过。

妈妈,我爱您。

慧琳

妈妈,我画的玫瑰漂不漂亮?

很漂亮。慧琳,谢谢你告诉我这些。

家人之间一定要亲密吗

我和爸爸的关系有点儿尴尬,尤其是家里只剩下我们两个人的时候,我都不知道该说些什么。这种情况是不正常的吗?我并不这么认为。每个人的性格都不同:有的人温柔,有的人孤僻。家庭也是如此。有些家庭笑声不断,有些家庭喜欢安静,有些家庭经常吵架但又会马上和好。

不过,最重要的是……

我们要觉得家中是安全的。我们毕竟是孩子,所以需要得到大人的保护。倘若家人经常打我们或让我们感到不安,这就说明家庭出了问题。遇到这种情况时,我们必须向其他大人寻求帮助。不过,即使我们说出来,对方也可能不相信或认为我们在说谎。这时,我们不能轻易放弃,应该继续告诉其他信任我们且能够帮助我们的大人。倘若没有人相信,我们也可以去找警察叔叔帮忙。知道了吗?

"说得对。做一道料理用到的食材每次也不都是一样的。即使是相同的料理,每家的做法也有可能不一样。"

"做辣白菜汤的时候,放的是鳀鱼还是猪肉,味道是截然不同的。"

"起初,我觉得在家庭料理书中写自己家庭的事情很难为情。"

"可是今天讲出来之后,我发现将家庭的故事写进料理书这件事,变得更有趣了。"

"我也是。说出来之后心情就好多了。"

"另外,我哥哥小时候大腿受过伤,所以他走路很不方便。妈妈更照顾他,可能也是因为这一点。刚刚我还说妈妈区别对待我们,其实并不是这样的。"

"真的是家家有本难念的经。"

"对,对。"

"说得没错。即使是看起来过得不好的家庭,也有不少欢声笑语。"

回家的途中,东民叫住了我。

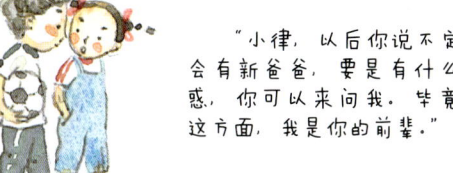

"小律,以后你说不定也会有新爸爸。要是有什么疑惑,你可以来问我。毕竟在这方面,我是你的前辈。"

"说什么呢你。"

"我最讨厌听那些说新妈妈不好的故事了。我的新妈妈可是这个世界上最疼爱我的人。"

"干吗无缘无故地跟我说这些?"

"没什么。只是人们都喜欢用怪异的目光看新妈妈。可是我很喜欢新妈妈。"

"比原来的妈妈还喜欢吗?"

"为什么一定要比较呢?这个问题问得很傻,就好比问更喜欢爸爸还是更喜欢妈妈一样。"

与东民分开后,回家的路上,我总感觉心中痒痒的。我其实很想对东民说:"我的妈妈也在谈恋爱。"

我们家特有的紫菜包饭

爸爸妈妈离婚了

起初,爸爸妈妈说要离婚的时候,我还以为是因为我不听话。而且,我还觉得是因为他们不够爱我,所以他们才会忍不下去而最终选择离婚。然而,并不是这样的。妈妈说自己一个人生活会比和爸爸一起生活更幸福。即使离了婚,他们也是我的爸爸妈妈。有些父母离婚后会很痛苦,但也有些父母离婚后反而变得更加幸福。

我们家的紫菜包饭料理师是爸爸。我爸爸喜欢四四方方的东西,所以做出来的紫菜包饭也是方形的。他在里面加了很多我最喜欢的火腿,所以紫菜包饭的味道非常棒。

家人身体有残疾

我哥哥是残疾人。若家里有残疾人,那么其他家人都会特别照顾他。虽然这是一种出于好意的关心,但也可能会变成一种孤立和排斥。对于他不方便做的事情,我们可以为他提供帮助,但对于他自己一个人就能做好的事情,如果我们也要干涉,那他就会很不高兴了。

我们家特有的紫菜包饭是辣白菜紫菜包饭。将辣白菜撕成长条,再放入紫菜包饭中,味道简直棒极了。这种紫菜包饭要整根吃才更好吃。

我妈妈是外国人

我妈妈来自俄罗斯。如果我和妈妈一起出门,人们都会好奇地看向我们。人本来就长得各不相同,我不知道他们为什么还要感到好奇。不过,随着周围的外国人渐渐增多,想必对外国人感到好奇的人也会变得越来越少。

我妈妈经常给我做加了牛肝的俄罗斯派。另外,做紫菜包饭的时候,她也会加入一些碾碎的牛肝。你们不知道那有多好吃。

在这种时候，我的家庭最让人羞愧

（漫画对话）

- 你爸他做的饭也挺好吃的。
- 你妈整天就知道闲逛。没办法，只能我来做饭了。
- 多亏了我，你才发掘出被埋没的才华。
- 我去趟卫生间。
- 你最近有正在交往的人吗？
- 妈妈有男朋友了。
- 真的吗？小凡也见过啦？他是做什么的？有没有说想要和你妈妈结婚？
- 妈，我们还没到那种程度！
- 人们喜欢红豆粥，因为它凉了也好吃，喜欢一个人也是这样。

如此看来，珉宇叔叔似乎更像热气腾腾的海鲜刀切面，而不是红豆刀切面。

怎样过特殊的日子

小时候，我很喜欢让妈妈在汉堡包上插小旗。有些装饰品，如小旗等，总是能赋予食物特别的意义。而纪念日则是让家庭气氛变得更加特别的日子。

想一想那一天的意义
例如想一想为何要过生日。如果你能想明白，那么生日会变得更加有意义。我出生的日子、父母成为爸爸妈妈的日子！

愉快地过节
过春节、中秋节等节日的时候，分开生活的家人会欢聚一堂，也会利用长假一起去旅游。总之，要以愉快的方式来过节。

特殊的日子做特殊的事
例如在每个家人过生日的时候，全家人一起照张相。倘若能持续五年、十年，甚至更久，照片就会有特殊的意义。

幸福的家庭需要大家一起经营

有一天，妈妈召集我们开家庭会议。

"我有事情跟你们商量。这件事跟妈妈的工作有关，不过妈妈需要听听你们的意见。"

妈妈说，相比经营咖啡馆，她更希望自己能直接参与到做料理的过程中。

于是，她打算跟佳莹的妈妈一起开一家餐厅。

"哇！妈妈要当餐厅老板了吗？"

小凡直接投了赞成票。我也希望妈妈能做自己喜欢的事情。

开家庭会议的方法

生活在一起的人想要决定某件事情时，最好汇集大家的意见。在家庭中也是如此。很多父母或许会认为"小孩子知道什么"，但小孩子也是家庭的一员，也有权利发表意见。父母可能不知道该如何召开家庭会议，遇到这种情况时，我们可以向大人提议。

开家庭会议的时候，多听听别人的话吧，各位！

要说什么

家庭的决定可能会对某个家人产生巨大的影响。假如父母打算搬家，那我们说不定要和朋友分开并转校。像这种问题，我认为大家最好一起商议。除此之外，看电视、收拾屋子等问题也可以与家人一起讨论。

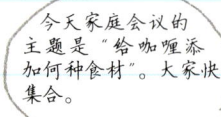

今天家庭会议的主题是"给咖喱添加何种食材"。大家快集合。

NO 茄子

不知从何时起，茄子开始进入咖喱中。我坚决反对在咖喱中添加茄子。

可是喜欢吃茄子的其他家庭成员该怎么办呢？

由谁来提议

每个家人都可以提议召开家庭会议。家庭会议既可以一周一次定期召开，也可以紧急召开。讨论的主题最好事先拟好，并挂在大家都能看到的地方。这样，其他家人也能事先做好准备。另外，会议中讨论出的结果也要整理出来挂在显眼的地方。

茄子也很好吃！

番茄怎么样？

如何召开家庭会议

召开家庭会议时,最好有一名主持人,主持人可以由大家指定。在发表不满的意见时,大家要就事论事,谴责、攻击某个人或不断抱怨是不可取的。因此,据说某些家庭在召开会议时,会规定无论男女老少都要使用尊称。我们也可以定一个自己家特有的规则。例如,在一个人发表意见时,其他人不许打岔等。

> 煮一次咖喱要吃好几顿,所以我认为不可以添加某个人讨厌吃的食材!

不召开家庭会议的家庭应该怎么办

家庭会议其实没什么特别的,不就是大家聚在一起讨论问题吗?可是很多父母都不将自己的子女视为商议的对象,他们认为小孩子就应该听大人的话。因此,若没有家庭会议,我们也可以主动向大人阐述自己的意见。

> 既然这样,那喜欢吃茄子的人就将烤熟的茄子放在自己的咖喱上吃好了。

> 可是这样一来,做料理的人很麻烦。总之,以后不会再往咖喱中放茄子了。喜欢吃茄子的人自己动手解决吧!

家人之间必须遵守的规则

大家既然一起生活,那就必然要遵守一些规则。

规则要由大家一起定。因为我们难免会产生不想遵守别人定的规则的情绪,所以大家要一起定自己家特有的规则。

> 这条规则需要爸爸多加留意。

使用卫生间后,确认马桶是否干净。

> 妈妈需要注意这条规则。

不要随便乱翻别人的抽屉。

> 还有这条。

不准偷看别人的日记。

吵架时,不许触碰别人的痛处。

> 不可以嘲笑妈妈的口音。

我们也可以定下违背规则时的处罚方式。

用凉水洗脸。

一周不许碰电脑。

佳莹的家

据说，最近是佳莹的奶奶出去干活儿赚钱，而佳莹的爸爸则待在家中做家务。实际上，明确了各自的工作后，佳莹的家已经恢复了往日的平静，除了她的奶奶偶尔会摇头叹息。不过，佳莹的爸爸熬罗宋汤的水平也因此得到了提高。

家庭既是选择，也是命运

彩虹餐厅终于要营业了，供应的食物有很多种。
家人们品尝食物后会进行评价，只有评价高的食物才会出现在彩虹餐厅的菜单上。
餐厅里的家具大都是东拼西凑的二手货，其余家具则是由佳莹的爸爸亲手打造的。
佳莹的爸爸觉得做木工很有意思，打算日后认真学习打造家具的技术。
佳莹的妈妈和我的妈妈为准备开业典礼的事情忙得团团转。
她们一大早就到餐厅里准备食物。
我和小凡在佳莹的家里玩了一会儿就直接来到了餐厅。

我们家的餐厅是一个神奇的空间。餐厅里的米饭、面包、咖啡和各种酵素饮品都非常美味，它们融合了不同的饮食风格，也受到了不同年龄的人的欢迎。据说，以后餐厅里还会办编织课和展览会。现在餐厅里就摆放着不少佳莹的爸爸打造的形状怪异的椅子。

看到餐厅里的人纷纷用诧异的目光打量自己，珉宇叔叔先是犹豫了一下，接着马上大声介绍起自己来。

形形色色的家庭

就像每种料理都不同,每个家庭的形态也是各种各样的。但无论是何种形态的家庭,只要大家能够为了幸福而努力,家庭料理的味道想来都是相当不错的。

今天是我们发表家庭料理书的日子。

我们四个人一起走上讲台,介绍自己负责的那部分内容。

料理书最后的总结部分是由我负责的。

幸福生活的秘诀

家庭是一个可以成长的空间。
孩子会在玩耍和学习中成长，
大人则在陪伴孩子成长的过程中一同成长。
即使是大人，也不是完美的。
那么我们一定要完美吗？
妈妈说自己也是第一次当妈妈。
所有的经历都是第一次，
所以即使犯错或失误，
也能够理解。
只要我们意识到存在的问题并将它找出来，
然后一起寻找好的解决方法，
那么我们并不会缺少从头再来的机会。
因为我们追求的并不是一个完美的家庭，
而是一个充满幸福的家庭，
以及充满幸福的自己。

几天后,暑假来临。
餐厅变得更忙了。我和小凡经常跟佳莹的家人混在一起。跟佳莹的家人待在一起会很热闹、很有趣。

小凡更喜欢跟他的朋友一起玩。
每天晚上,我都要去他朋友家把他带回来。

回到家中，就只有我、小凡和妈妈了，所以家里会很安静，但这样的安静，我也非常喜欢。

虽然爸爸的空缺依旧很大，但现在的生活还算过得去。

我不知道以后我们家会有什么变化。虽说有可能会有变化，但现在我们家已经足够幸福了。

图书在版编目（CIP）数据

我家像个汉堡包 /（韩）宣惠娟著；（韩）李惠兰绘；千太阳译. — 杭州：浙江科学技术出版社，2021.6
（自信满满生活书）
ISBN 978-7-5341-9311-8

Ⅰ.①我… Ⅱ.①宣…②李…③千… Ⅲ.①家庭-儿童读物 Ⅳ.①C913.11-49

中国版本图书馆CIP数据核字（2020）第211134号

著作权合同登记号　图字：11-2018-569号

가족 사랑하는 법
Text copyright © 2018, Seon Hye Yun
Illustration copyright © 2018, Lee Hea Ran
© GomGom
All Rights Reserved.
This Simplified Chinese edition was published by Zhejiang Science and Technology Publishing House Co., Ltd. in 2021 by arrangement with Sakyejul Publishing Ltd. through Imprima Korea & Qiantaiyang Cultural Development (Beijing) Co., Ltd..

丛 书 名	自信满满生活书
书 　 名	我家像个汉堡包
著 　 者	［韩］宣惠娟
绘 　 者	［韩］李惠兰
译 　 者	千太阳

出版发行　浙江科学技术出版社
　　　　　杭州市体育场路347号　邮政编码：310006
　　　　　联系电话：0571-85062597

排　版	杭州兴邦电子印务有限公司
印　刷	杭州捷派印务有限公司
开　本	889×1194　1/16
印　张	3.5
字　数	59 000
版　次	2021年6月第1版
印　次	2021年6月第1次印刷
书　号	ISBN 978-7-5341-9311-8
定　价	39.80元

版权所有　翻印必究
（图书出现倒装、缺页等印装质量问题，本社销售部负责调换）

责任编辑　刘　雪　　　**责任美编**　金　晖
责任校对　赵　艳　　　**责任印务**　田　文